Learn One Ukrainian Word a Day for a Year

Ukrainian

Foreword

Language, in its myriad forms, remains one of the most powerful tools humanity possesses. It is the bridge connecting diverse cultures, an entryway to history, and the thread weaving together stories that transcend time and space. The Ukrainian language, with its rich tapestry of sound and meaning, is no exception. It has gifted the world with evocative literature, passionate songs, and an ethos reflective of its pragmatic and expressive speakers.

But, how does one embark on the journey of learning such a language? Especially in today's fast-paced world where time is a luxury few can afford?

The answer lies within these pages. By focusing on one word a day, this guide presents an approachable path to understanding Ukrainian. Whether you're a traveler eager to communicate during your next trip to Ukraine, a literature enthusiast desiring to dive into original Ukrainian texts, or simply curious, this book is your companion.

Each entry provides not just a translation but also a phonetic guide and real-world examples to anchor your learning. And as days transform into weeks and weeks into months, you'll find yourself not just memorizing words, but experiencing the language in its context, building a foundation that is as sturdy as it is comprehensive.

By the end of a year, you'll have embarked on a remarkable journey—one of discovery, challenge, and ultimately, fulfillment. In the grand tapestry of language learning, consider this book a single, yet significant, thread.

Happy learning!

How to say the Ukrainian letters

А, а - like "a" in "car"

Е, е - like "ye" in "yet"

І, і - like "ee" in "see"

О, о - like "o" in "more"

У, у - like "oo" in "boot"

Я, я - after a consonant, like "ya" in "yard"; at the start of a word, like "a" in "apple"

Ю, ю - after a consonant, like "yu" in "yule"; at the start of a word, like "u" in "use"

Є, є - like "ye" in "yellow"

Ї, ї - like "yi" in "yield"

Consonants: (Only ones that might be tricky)

Г, г - closer to "h" in "house" than the English "g"

Ж, ж - like "s" in "measure" or "zh" sound

Ч, ч - like "ch" in "chip"

Ш, ш - like "sh" in "shop"

Ц, ц - like "ts" in "bits"

Щ, щ - it's a soft "shch" sound, a bit like "fresh cheese" said quickly

Special Sounds:

ь - soft sign, makes the preceding consonant softer (palatalized)

ъ - hard sign, makes the preceding consonant harder

Stress: Ukrainian words have one stressed syllable, which can change the word's meaning. Unfortunately, stress is not usually marked in writing, so it's something you'll have to learn through listening and practice.

Please note that this pronunciation guide offers a simplified representation of English pronunciation based on comparisons with the Ukrainian language. The actual Ukrainian sounds may differ in their subtlety and context-dependence. This guide serves as a basic starting point and does not replace more detailed and specific linguistic guidance.

Day 1

English: Water
Ukrainian: Вода
(Pronunciation: Voda)

'Вона п'є багато води щодня.' (She drinks a lot of water every day.)
'Я чую, як крапає вода.' (I hear water dripping.)

Day 2

English: Tree
Ukrainian: Дерево
(Pronunciation: Derevo)

'Кіт сидить на дереві.' (The cat is in the tree.)
'Це дерево сто років.' (That tree is a hundred years old.)

Day 3

English: Bird
Ukrainian: Птах
(Pronunciation: Ptakh)

'Птах співає на даху.' (The bird sings on the roof.)
'Я бачив рідкісного птаха в парку.' (I saw a rare bird in the park.)

Day 4

English: Hate
Ukrainian: Ненависть
(Pronunciation: Nenavyst')

'Ненависть призводить до більше проблем.' (Hate leads to more problems.)
'Вона відчуває глибоку ненависть до несправедливості.' (She feels a deep hate for injustice.)

Day 5

English: Moon
Ukrainian: Місяць
(Pronunciation: Misyats')

'Місяць сяє яскраво сьогодні ввечері.' (The moon is shining brightly tonight.)
'Ми бачили повний місяць над морем.' (We saw the full moon over the sea.)

Day 6

English: Star
Ukrainian: Зірка
(Pronunciation: Zirka)

'Зірка блищить на нічному небі.' (The star twinkles in the night sky.)
'Вона мріє стати кіноакторкою.' (She dreams of becoming a movie star.)

Day 7

English: Season
Ukrainian: Пора року
(Pronunciation: Pora roku)

'Яка твоя улюблена пора року?' (Which season do you like the most?)
'Весна - моя улюблена пора року.' (Spring is my favorite season.)

Day 8

English: Rain
Ukrainian: Дощ
(Pronunciation: Doshch)

'Сьогодні буде дощ увесь день.' (It's going to rain all day.)
'У неї не було з собою парасольки під час дощу.' (She didn't have an umbrella in the rain.)

Day 9

English: Wind
Ukrainian: Вітер
(Pronunciation: Viter)

'Сьогодні сильно дме вітер.' (The wind is blowing hard today.)
'Мій капелюх злетів через вітер.' (My hat flew away because of the wind.)

Day 10

English: Fire
Ukrainian: Вогонь
(Pronunciation: Vohon')

'Дрова в каміні горять теплим вогнем.' (The wood in the fireplace gives a warm fire.)
'Вони сиділи навколо вогнища і розповідали історії.' (They sat around the fire and told stories.)

Day 11

English: Book
Ukrainian: Книга
(Pronunciation: Knyha)

'Я читаю книгу кожного вечора.' (I read a book every evening.)
'Це моя улюблена книга.' (This is my favorite book.)

Day 12

English: Door
Ukrainian: Двері
(Pronunciation: Dveri)

'Закри двері, коли йдеш.' (Close the door when you leave.)
'Двері скриплять; нам потрібно їх відремонтувати.' (The door squeaks; we need to fix it.)

Day 13

English: Shoe
Ukrainian: Взуття
(Pronunciation: Vzuttia)

'Я купив нове взуття.' (I bought new shoes.)
'Це взуття мені мале.' (This shoe is too small for me.)

Day 14

English: Fish
Ukrainian: Риба
(Pronunciation: Ryba)

'Ми підемо на риболовлю завтра.' (We are going fishing tomorrow.)
'Я люблю їсти смажену рибу.' (I like to eat grilled fish.)

Day 15

English: Snow
Ukrainian: Сніг
(Pronunciation: Snih)

'Діти грають у снігу.' (The children play in the snow.)
'На дорозі багато снігу.' (There's a lot of snow on the road.)

Day 16

English: Hill
Ukrainian: Пагорб
(Pronunciation: Pahorb)

'Будинок стоїть на вершині пагорба.' (The house is on top of a hill.)
'Ми пішли на вершину пагорба.' (We walked to the top of the hill.)

Day 17

English: Fence
Ukrainian: Забір
(Pronunciation: Zabir)

'Забір потрібно пофарбувати.' (The fence needs to be painted.)
'Собака стрибнула через забір.' (The dog jumped over the fence.)

Day 18

English: Farm
Ukrainian: Ферма
(Pronunciation: Ferma)

'Ми відвідали ферму під час наших канікул.' (We visited a farm during our vacation.)
'На фермі багато тварин.' (There are many animals on the farm.)

Day 19

English: Blue
Ukrainian: Синій
(Pronunciation: Syniy)

'У неї дуже сині очі.' (Her eyes are very blue.)
'Я купив синій светр.' (I bought a blue sweater.)

Day 20

English: Green
Ukrainian: Зелений
(Pronunciation: Zelenyi)

'Дерева зелені весною.' (The trees are green in spring.)
'Я хочу зелений салат на обід.' (I want a green salad for lunch.)

Day 21

English: Birthday
Ukrainian: День народження
(Pronunciation: Den' narodzhennia)

'Сьогодні мій день народження.' (Today is my birthday.)
'Вітаю з днем народження!' (Happy birthday!)

Day 22

English: Grass
Ukrainian: Трава
(Pronunciation: Trava)

'Траву потрібно покосити.' (The grass needs to be mowed.)
'Діти грають на траві.' (Children are playing on the grass.)

Day 23

English: Road
Ukrainian: Дорога
(Pronunciation: Doroha)

'Будь обережний, переходячи дорогу.' (Be careful when crossing the road.)
'Дорогу закрито для ремонту.' (The road is closed for repairs.)

Day 24

English: City
Ukrainian: Місто
(Pronunciation: Misto)

'Київ - красиве місто.' (Kyiv is a beautiful city.)
'Ми поїхали в місто на шопінг.' (We went to the city to shop.)

Day 25

English: Hand
Ukrainian: Рука
(Pronunciation: Ruka)

'Дай мені свою руку.' (Give me your hand.)
'Він має годинник на руці.' (He has a watch on his hand.)

Day 26

English: Time
Ukrainian: Час
(Pronunciation: Chas)

'Пора йти.' (It's time to go.)
'У нас немає часу на затримку.' (We have no time to lose.)

Day 27

English: Night
Ukrainian: Ніч
(Pronunciation: Nich)

'У ніч так тихо.' (It's quiet in the night.)
'Ми працюємо цілу ніч.' (We work all through the night.)

Day 28

English: Song
Ukrainian: Пісня
(Pronunciation: Pisnia)

'Вона співає гарну пісню.' (She sings a beautiful song.)
'Я чув нову пісню на радіо.' (I heard a new song on the radio.)

Day 29

English: Chair
Ukrainian: Стілець
(Pronunciation: Stilets)

'Стілець зламався.' (The chair is broken.)
'Постав стілець назад на його місце.' (Put the chair back in its place.)

Day 30

English: House
Ukrainian: Будинок
(Pronunciation: Budynok)

'Ми купили новий будинок.' (We bought a new house.)
'Будинок зроблений з каменю.' (The house is made of stone.)

Day 31

English: Heart
Ukrainian: Серце
(Pronunciation: Sertse)

'У нього велике серце.' (He has a big heart.)
'Слухай своє серце.' (Listen to your heart.)

Day 32

English: Stone
Ukrainian: Камінь
(Pronunciation: Kamin')

'Підлога зроблена з каменю.' (The floor is made of stone.)
'Вона кинула камінь у воду.' (She threw a stone into the water.)

Day 33

English: Light
Ukrainian: Світло
(Pronunciation: Svitlo)

'Увімкни світло.' (Turn on the light.)
'Світло світить крізь вікно.' (The light shines through the window.)

Day 34

English: Yellow
Ukrainian: Жовтий
(Pronunciation: Zhovtyi)

'Мій улюблений колір - жовтий.' (My favorite color is yellow.)
'Квіти жовті.' (The flowers are yellow.)

Day 35

English: Child
Ukrainian: Дитина
(Pronunciation: Dytyna)

'Дитина грає у саду.' (The child is playing in the garden.)
'Дбайте про свою дитину.' (Take good care of your child.)

Day 36

English: Plant
Ukrainian: Рослина
(Pronunciation: Roslyna)

'Рослині потрібна вода.' (The plant needs water.)
'Ця рослина швидко росте.' (This plant grows quickly.)

Day 37

English: Mouth
Ukrainian: Рот
(Pronunciation: Rot)

'Він усміхається.' (He has a wide smile.)
'Вона відкрила рот, щоб співати.' (She opens her mouth to sing.)

Day 38

English: Land
Ukrainian: Країна
(Pronunciation: Kraïna)

'Україна - рівнинна країна.' (Ukraine is a flat country.)
'Цю країну ще ніколи не відвідували туристи.' (That country has never been visited by tourists.)

Day 39

English: Earth
Ukrainian: Земля
(Pronunciation: Zemlya)

'Ми повинні дбати про Землю.' (We must take care of the earth.)
'Земля обертається навколо сонця.' (The earth orbits the sun.)

Day 40

English: Table
Ukrainian: Стіл
(Pronunciation: Stil)

'Стіл накритий на чотири особи.' (The table is set for four people.)
'Поклади ці книги на стіл.' (Put those books on the table.)

Day 41

English: Wood
Ukrainian: Дерево
(Pronunciation: Derevo)

'Цей стілець зроблений з дерева.' (The chair is made of wood.)
'Він рубає дерево для каміна.' (He chops wood for the fireplace.)

Day 42

English: Rock
Ukrainian: Скеля
(Pronunciation: Skelya)

'Ця скеля дуже велика.' (The rock is enormous.)
'Обережно, щоб не впасти зі скелі!' (Be careful not to fall off the rock!)

Day 43

English: Bread
Ukrainian: Хліб
(Pronunciation: Khlib)

'У нас свіжий хліб із пекарні.' (We have fresh bread from the baker.)
'Хліб є основним продуктом у багатьох культурах.' (Bread is a staple food in many cultures.'

Day 44

English: Metal
Ukrainian: Метал
(Pronunciation: Metal)

'Цей кільцевий зроблений з чистого металу.' (This ring is made of pure metal.)
'Метал проводить електрику.' (Metal conducts electricity.)

Day 45

English: Sound
Ukrainian: Звук
(Pronunciation: Zvuk)

'Зробіть звук тихіше.' (Turn down the sound.)
'Звук моря заспокоює.' (The sound of the sea is calming.)

Day 46

English: Fruit
Ukrainian: Фрукт
(Pronunciation: Frukt)

'Я їм свіжі фрукти щодня.' (I eat fresh fruit every day.)
'Який фрукт тобі найбільше подобається?' (Which fruit do you like the most?)

Day 47

English: Voice
Ukrainian: Голос
(Pronunciation: Holos)

'Її голос звучить дуже гарно.' (Her voice sounds very beautiful.)
'Я відразу впізнаю його голос.' (I recognize his voice immediately.)

Day 48

English: Beach
Ukrainian: Пляж
(Pronunciation: Plyazh)

'Ми йдемо на пляж завтра.' (We are going to the beach tomorrow.)
'Пляж був переповнений людьми.' (The beach was full of people.)

Day 49

English: Flower
Ukrainian: Квітка
(Pronunciation: Kvitka)

'Ця квітка пахне чудово.' (The flower smells lovely.)
'На її день народження я подарував їй квітку.' (For her birthday, I gave her a flower.)

Day 50

English: Black
Ukrainian: Чорний
(Pronunciation: Chornyi)

'Моя машина чорна.' (My car is black.)
'Чорний - це базовий колір.' (Black is a basic color.)

Day 51

English: Liver
Ukrainian: Печінка
(Pronunciation: Pechinka)

'Печінка - важливий орган.' (The liver is an important organ.)
'Алкоголь може бути шкідливим для печінки.' (Alcohol can be harmful to the liver.)

Day 52

English: World
Ukrainian: Світ
(Pronunciation: Svit)

'У світі стільки прекрасних місць.' (There are so many beautiful places in the world.)
'Технології змінили світ.' (The world has changed because of technology.)

Day 53

English: Field
Ukrainian: Поле
(Pronunciation: Pole)

'Діти грають на полі.' (The children are playing in the field.)
'Поле пшениці виглядає золотавим.' (The wheat field looks golden yellow.)

Day 54

English: Dream
Ukrainian: Сон
(Pronunciation: Son)

'Цієї ночі я бачив дивний сон.' (I had a strange dream last night.)
'Сон може надихати вас.' (A dream can inspire you.)

Day 55

English: Color
Ukrainian: Колір
(Pronunciation: Kolyr)

'Якого кольору твоя нова машина?' (What color is your new car?)
'Кожен колір має своє значення.' (Every color has its own meaning.)

Day 56

English: Wheel
Ukrainian: Колесо
(Pronunciation: Koleso)

'У велосипеда відсутнє колесо.' (The bicycle is missing a wheel.)
'Візок має чотири колеса.' (The wagon has four wheels.)

Day 57

English: Paper
Ukrainian: Папір
(Pronunciation: Papir)

'Чи можеш ти дати мені аркуш паперу?' (Can you give me a sheet of paper?)
'Напиши це на папері.' (Write it on paper.)

Day 58

English: Music
Ukrainian: Музика
(Pronunciation: Muzika)

'Музика об'єднує людей.' (Music brings people together.)
'Мені подобається слухати класичну музику.' (I enjoy listening to classical music.)

Day 59

English: Purple
Ukrainian: Фіолетовий
(Pronunciation: Fioletovyi)

'Її сукня фіолетова.' (Her dress is purple.)
'Фіолетовий - це комбінація синього та червоного.' (Purple is a combination of blue and red.)

Day 60

English: Family
Ukrainian: Родина
(Pronunciation: Rodyna)

'Для мене дуже важлива родина.' (Family is very important to me.)
'На цих вихідних наша родина збирається разом.' (Our family is gathering this weekend.)

Day 61

English: Pink
Ukrainian: Рожевий
(Pronunciation: Rozhevyi)

'Вона в рожевій сукні.' (She's wearing a pink dress.)
'Рожевий - її улюблений колір.' (Pink is her favorite color.)

Day 62

English: Honey
Ukrainian: Мед
(Pronunciation: Med)

'Чи можеш ти додати меду до моєї чашки чаю?' (Can you put honey in my tea?)
'Мед - природний солодкуватий продукт.' (Honey is a natural sweetener.)

Day 63

English: Teeth
Ukrainian: Зуби
(Pronunciation: Zuby)

'Почисти зуби перед тим, як йти спати.' (Brush your teeth before going to bed.)
'У немовлят з'являються перші зуби близько шести місяців.' (Babies get their first teeth around six months.)

Day 64

English: Smile
Ukrainian: Усмішка
(Pronunciation: Usmishka)

'Її усмішка заразлива.' (Her smile is contagious.)
'Усмішка може зробити чийось день.' (A smile can make someone's day.)

Day 65

English: Valley
Ukrainian: Долина
(Pronunciation: Dolyna)

'Долина була сповнена туманом.' (The valley was filled with fog.)
'Ми гуляли зеленою долиною.' (We hiked through the green valley.)

Day 66

English: Tower
Ukrainian: Вежа
(Pronunciation: Vezha)

'Ця вежа стоїть сотні років.' (The tower has stood for hundreds of years.)
'З вежі відкривається чудовий вид.' (From the tower, you have a beautiful view.)

Day 67

English: Dance
Ukrainian: Танець
(Pronunciation: Tanets)

'Вона любить танцювати.' (She loves to dance.)
'Сьогодні вечір ми йдемо на танцювальне свято.' (We're going to a dance party tonight.)

Day 68

English: Circle
Ukrainian: Коло
(Pronunciation: Kolo)

'Намалюйте коло на дошці.' (Draw a circle on the board.)
'Діти сиділи в колі.' (The children sat in a circle.)

Day 69

English: Peace
Ukrainian: Мир
(Pronunciation: Myr)

'Ми сподіваємось на мир у світі.' (We hope for peace in the world.)
'Мир починається з тебе.' (Peace starts with oneself.)

Day 70

English: Price
Ukrainian: Ціна
(Pronunciation: Tsina)

'Яка ціна цього товару?' (What is the price of this item?)
'Ціна зросла з минулого року.' (The price has increased since last year.)

Day 71

English: Salt
Ukrainian: Сіль (Sol)
Pronunciation: seel

'Ти можеш передати сіль?' (Can you pass the salt?)
'Забагато солі не є корисною.' (Too much salt is not healthy.)

Day 72

English: Money
Ukrainian: Гроші (Hroshi)
Pronunciation: hro-shee

'Скільки у тебе грошей?' (How much money do you have on you?)
'Гроші не завжди приносять щастя.' (Money doesn't always bring happiness.)

Day 73

English: Apple
Ukrainian: Яблуко (Yabluko)
Pronunciation: ya-blu-ko

'Ти хочеш яблуко?' (Do you want an apple?)
'Яблуко від яблуні далеко не падає.' (The apple doesn't fall far from the tree.)

Day 74

English: Train
Ukrainian: Поїзд (Poyizd)
Pronunciation: po-yizd

'Поїзд прибуде за десять хвилин.' (The train will arrive in ten minutes.)
'Я люблю подорожувати поїздом.' (I like to travel by train.)

Day 75

English: Watch
Ukrainian: Годинник (Hodynnyk)
Pronunciation: ho-dyn-nyk

'Яка година на твоєму годиннику?' (What time is it on your watch?)
'Мій годинник зупинився.' (My watch has stopped.)

Day 76

English: Arrow
Ukrainian: Стрілка (Strilka)
Pronunciation: streel-ka

'Стрілка вказує вправо.' (The arrow pointed to the right.)
'Стріляй стрілкою в ціль.' (Shoot the arrow towards the target.)

Day 77

English: Horse
Ukrainian: Кінь (Kin)
Pronunciation: keen

'Кінь галопує по полю.' (The horse gallops across the field.)
'Вона любить їздити верхи.' (She likes horse riding.)

Day 78

English: Exit
Ukrainian: Вихід (Vykhid)
Pronunciation: vy-khid

'Де вихід?' (Where is the exit?)
'Вихід зправа.' (The exit is on the right side.)

Day 79

English: Woman
Ukrainian: Жінка (Zhinka)
Pronunciation: zhin-ka

'Жінка в синьому платті.' (The woman is wearing a blue dress.)
'Ця жінка - моя мати.' (That woman is my mother.)

Day 80

English: Sand
Ukrainian: Пісок (Pisok)
Pronunciation: pee-sok

'Діти люблять грати в піску.' (Children love playing in the sand.)
'Пісок на цьому пляжі дуже тонкий.' (The sand on this beach is very fine.)

Day 81

English: Glass
Ukrainian: Скло (Sklo)
Pronunciation: skloh

'Обережно, розбите скло!' (Watch out for the broken glass.)
'Можеш дати мені склянку води?' (Can you give me a glass of water?)

Day 82

English: Drink
Ukrainian: Напій (Napiy)
Pronunciation: na-peey

'Який у тебе напій?' (What kind of drink do you have?)
'Я хочу холодний напій.' (I'd like a cold drink.)

Day 83

English: Radio
Ukrainian: Радіо (Radio)
Pronunciation: ra-dee-oh

'Я слухаю радіо щоранку.' (I listen to the radio every morning.)
'Радіо грає старі хіти.' (The radio is playing old hits.)

Day 84

English: Phone
Ukrainian: Телефон (Telefon)
Pronunciation: te-le-fon

'Мій телефон майже розряджений.' (My phone is almost dead.)
'Можеш дати мені свій номер телефону?' (Can you give me your phone number?)

Day 85

English: Plane
Ukrainian: Літак (Litak)
Pronunciation: lee-tak

'Літак відлітає о третій годині.' (The plane departs at three o'clock.)
'Вона боїться літати літаком.' (She's afraid to travel by plane.)

Day 86

English: Power
Ukrainian: Сила (Syła)
Pronunciation: seela

'Сила природи вражає.' (The power of nature is impressive.)
'У тебе є сила змінити все.' (You have the power to change everything.)

Day 87

English: Space
Ukrainian: Простір (Prostir)
Pronunciation: pro-steer

'У кімнаті недостатньо місця.' (There isn't enough space in the room.)
'Космос повний зірок.' (Space is full of stars.)

Day 88

English: Mountain
Ukrainian: Гора (Hora)
Pronunciation: ho-ra

'Гора вкрита снігом.' (The mountain is covered with snow.)
'Ми збираємось підкорити гору наступного місяця.' (We are going to climb a mountain next month.)

Day 89

English: Clock
Ukrainian: Годинник (Hodynnyk)
Pronunciation: ho-dyn-nyk

'Годинник відбиває дванадцять.' (The clock strikes twelve.)
'Ти можеш поставити годинник вперед?' (Can you set the clock forward?)

Day 90

English: Ocean
Ukrainian: Океан (Okean)
Pronunciation: oh-ke-ahn

'Океан глибокий і таємничий.' (The ocean is deep and mysterious.)
'Мені подобається звук океану.' (I love the sound of the ocean.)

Day 91

English: Leaf
Ukrainian: Листок (Lystok)
Pronunciation: lees-tohk

'Листок впав з дерева.' (The leaf fell from the tree.)
'Листя змінює колір уосені.' (The leaves change color in the fall.)

Day 92

English: Lemon
Ukrainian: Лимон (Lymon)
Pronunciation: lee-mon

'Хочеш лимонний дольку у воді?' (Do you want a slice of lemon in your water?)
'Лимони кислі.' (Lemons are sour.)

Day 93

English: Meadow
Ukrainian: Луг (Luh)
Pronunciation: luh

'Корови пасуться на лузі.' (The cows graze in the meadow.)
'Луг повний квітів.' (The meadow is full of flowers.)

Day 94

English: Market
Ukrainian: Ринок (Rynok)
Pronunciation: ree-nok

'У суботу на центральній площі ринок.' (There's a market in the center on Saturdays.)
'Я купую овочі на ринку.' (I buy my vegetables at the market.)

Day 95

English: Window
Ukrainian: Вікно (Vikno)
Pronunciation: veek-noh

'Ти можеш відкрити вікно?' (Can you open the window?)
'Вигляд з цього вікна чудовий.' (The view from this window is beautiful.)

Day 96

English: Picture
Ukrainian: Фото or Картинка (Foto or Kartynka)
Pronunciation: fo-toh or kar-tyn-ka

'У мене є наше спільне фото.' (I have a picture of us together.)
'Та картинка висить на стіні.' (That picture hangs on the wall.)

Day 97

English: Candle
Ukrainian: Свічка (Svichka)
Pronunciation: sveech-ka

'Свічка горить.' (The candle is burning.)
'Світло свічки робить кімнату затишною.' (Candlelight makes the room cozy.)

Day 98

English: Forest
Ukrainian: Ліс (Lis)
Pronunciation: lees

'Ми йшли на прогулянку у ліс.' (We went for a walk in the forest.)
'У лісі багато диких тварин.' (The forest is full of wild animals.)

Day 99

English: Desert
Ukrainian: Пустеля (Pustelya)
Pronunciation: poos-teh-lya

'У пустелі дуже спекотно.' (It's very hot in the desert.)
'У пустелі мало води.' (There's little water in the desert.)

Day 100

English: Grape
Ukrainian: Виноград (Vynograd)
Pronunciation: vee-noh-grad

'Я люблю виноград.' (I love grapes.)
'З винограду роблять вино.' (You make wine from grapes.)

Day 101

English: Bench
Ukrainian: Лавка (Lavka)
Pronunciation: lav-ka

'Вони сиділи на лавці у парку.' (They sat on the bench in the park.)
'Ця лавка зроблена з дерева.' (The bench is made of wood.)

Day 102

English: Grapefruit
Ukrainian: Грейпфрут (Hreypfrut)
Pronunciation: hrayp-froot

'Грейпфрут може смакувати гірко.' (Grapefruit can taste bitter.)
'Грейпфрут багатий на вітамін С.' (Grapefruit is rich in vitamin C.)

Day 103

English: Windmill
Ukrainian: Вітряк (Vitryak)
Pronunciation: veet-ryak

'У Голландії багато вітряків.' (The Netherlands is known for its windmills.)
'Вітряк меле зерно.' (The windmill grinds the grain.)

Day 104

English: Pillow
Ukrainian: Подушка (Podushka)
Pronunciation: po-doo-shka

'Мені потрібна нова подушка.' (I need a new pillow.)
'Моя подушка дуже м'яка.' (My pillow is very soft.)

Day 105

English: Mirror
Ukrainian: Дзеркало (Dzerkalo)
Pronunciation: dzehr-ka-lo

'Дивись у дзеркало.' (Look in the mirror.)
'Дзеркало висить над умивальником.' (The mirror hangs above the sink.)

Day 106

English: Castle
Ukrainian: Замок (Zamok)
Pronunciation: za-mok

'Замок стоїть на пагорбі.' (The castle is on a hill.)
'Цей замок дуже старий.' (This castle is very old.)

Day 107

English: Riddle
Ukrainian: Загадка (Zahadka)
Pronunciation: zah-had-ka

'Ти можеш розв'язати цю загадку?' (Can you solve this riddle?)
'Він розповів складну загадку.' (He told a difficult riddle.)

Day 108

English: Hammer
Ukrainian: Молоток (Molotok)
Pronunciation: mo-lo-tok

'Дай мені молоток.' (Give me the hammer.)
'Він забив цвях молотком.' (He hit the nail with a hammer.)

Day 109

English: Ladder
Ukrainian: Драбина (Drabyna)
Pronunciation: dra-bee-na

'Нам потрібна драбина, щоб замінити лампу.' (We need a ladder to change the light.)
'Обережно з драбиною!' (Watch out for the ladder!)

Day 110

English: Wallet
Ukrainian: Гаманець (Hamanets)
Pronunciation: hah-man-ets

'Я втратив свій гаманець.' (I lost my wallet.)
'У моєму гаманці багато монет.' (My wallet is full of coins.)

Day 111

English: Magnet
Ukrainian: Магніт (Mahnit)
Pronunciation: mah-neet

'Магніт притягує метал.' (The magnet attracts the metal.)
'У мене є магніт на холодильнику.' (I have a magnet on the refrigerator.)

Day 112

English: Torch
Ukrainian: Ліхтарик (Likhtaryk) for flashlight
Pronunciation: leekh-ta-reek

'Ліхтарик освітлює дорогу.' (The flashlight lights the way.)
'У тебе є ліхтарик?' (Do you have a flashlight with you?)

Day 113

English: Wall
Ukrainian: Стіна (Stina)
Pronunciation: stee-na

'Стіні потрібно нове покриття фарби.' (The wall needs a new coat of paint.)
'Кіт сидить за стіною.' (The cat is behind the wall.)

Day 114

English: Puzzle
Ukrainian: Пазл (Pazl)
Pronunciation: pah-zl

'Ти можеш скласти цей пазл?' (Can you complete this puzzle?)
'Мені подобається грати в пазли.' (I love doing puzzles.)

Day 115

English: Basket
Ukrainian: Кошик (Koshyk)
Pronunciation: koh-shyk

'Поклади яблука в кошик.' (Put the apples in the basket.)
'Цей кошик зроблений з лози.' (The basket is made of wicker.)

Day 116

English: Hot
Ukrainian: Гарячий (Haryachyy)
Pronunciation: hah-ryah-chyy

'Вода гаряча.' (The water is hot.)
'Сьогодні на вулиці дуже гаряче.' (It's very hot outside today.)

Day 117

English: Island
Ukrainian: Острів (Ostriv)
Pronunciation: os-treev

'Острів оточений морем.' (The island is surrounded by the sea.)
'Ми їдемо на відпочинок на тропічний острів.' (We are going on vacation to a tropical island.)

Day 118

English: Cold
Ukrainian: Холодний (Kholodnyy)
Pronunciation: kho-lod-nyy

'На вулиці дуже холодно.' (It's very cold outside.)
'Випий свій чай, доки він не став холодним.' (Drink your tea before it gets cold.)

Day 119

English: Carrot
Ukrainian: Морква (Morkva)
Pronunciation: mor-kva

'Я додаю моркву до супу.' (I add carrots to the soup.)
'Морква корисна для очей.' (Carrots are good for your eyes.)

Day 120

English: More
Ukrainian: Більше (Bil'she)
Pronunciation: beel'-she

'Можеш дати мені більше інформації?' (Can you give me more information?)
'Я хочу більше печива.' (I want more cookies.)

Day 121

English: Milk
Ukrainian: Молоко (Moloko)
Pronunciation: moh-loh-ko

'Я п'ю молоко кожного ранку.' (I drink milk every morning.)
'Молоко корисне для ваших кісток.' (Milk is good for your bones.)

Day 122

English: Bucket
Ukrainian: Відро (Vidro)
Pronunciation: veed-roh

'Нам потрібне відро води.' (We need a bucket of water.)
'Відро повне.' (The bucket is full.)

Day 123

English: Comb
Ukrainian: Гребінець (Hrebinec)
Pronunciation: hreh-bee-nyets

'У тебе є гребінець?' (Do you have a comb with you?)
'Я розчісую своє волосся кожного дня.' (I comb my hair every day.)

Day 124

English: Square
Ukrainian: Квадрат (Kvadrat) for the shape; Площа (Ploshcha) for a city square
Pronunciation: kvah-draht, ploh-shchah

'Це ідеальний квадрат.' (This is a perfect square.)
'Давайте зустрінемося на площі.' (Let's meet at the square.)

Day 125

English: Expensive
Ukrainian: Дорогий (Dorohyy)
Pronunciation: doh-roh-hyy

'Цей годинник дуже дорогий.' (That watch is very expensive.)
'Чому ці черевики такі дорогі?' (Why are these shoes so expensive?)

Day 126

English: Cherry
Ukrainian: Вишня (Vyshnya)
Pronunciation: veesh-nya

'Вишні зараз в сезоні.' (The cherries are in season now.)
'Вишневий пиріг - мій улюблений.' (A cherry pie is my favorite.)

Day 127

English: Lake
Ukrainian: Озеро (Ozero)
Pronunciation: oh-zeh-ro

'Озеро дуже глибоке.' (The lake is very deep.)
'Ми пішли плавати в озері.' (We went swimming in the lake.)

Day 128

English: Donkey
Ukrainian: Осел (Osel)
Pronunciation: oh-sel

'Осел несе багаж.' (The donkey carries the luggage.)
'Осли - вперті тварини.' (Donkeys are stubborn animals.)

Day 129

English: Boot
Ukrainian: Чоботи (Choboty)
Pronunciation: choh-boh-ty

'Мої чоботи мокрі.' (My boots are wet.)
'Вона носить червоні чоботи.' (She wears red boots.)

Day 130

English: Helmet
Ukrainian: Шолом (Sholom)
Pronunciation: shoh-lom

'Завжди носіть шолом на велосипеді.' (Always wear a helmet on the bike.)
'Шолом захищає вашу голову.' (The helmet protects your head.)

Day 131

English: Tent
Ukrainian: Намет (Namet)
(Pronunciation: NAH-met)

Ми спимо в наметі, коли кемпінгуємо. (We sleep in a tent when camping.)
Цей намет достатньо великий для чотирьох осіб. (This tent is big enough for four people.)

Day 132

English: Machine
Ukrainian: Машина (Mashyna)
(Pronunciation: mah-SHY-nah)

Ця машина зламалася. (This machine is broken.)
Як працює ця машина? (How does this machine work?)

Day 133

English: Fairy
Ukrainian: Фея (Feya)
(Pronunciation: FEH-ya)

Фея дала їй три бажання. (The fairy gave her three wishes.)
Діти люблять казки про фей. (Children love fairy tales.)

Day 134

English: Badge
Ukrainian: Значок (Znachok)
(Pronunciation: ZNAH-chok)

Він носить значок свого клубу. (He wears a badge of his club.)
Кожен скаут отримує значок. (Every scout gets a badge.)

Day 135

English: Jacket
Ukrainian: Куртка (Kurtka)
(Pronunciation: KOOR-tka)

На вулиці холодно, одягни куртку. (It's cold outside, wear your jacket.)
Моя нова куртка - водонепроникна. (My new jacket is waterproof.)

Day 136

English: Eat
Ukrainian: Їсти (Yisty)
(Pronunciation: YEE-sty)

Нам ще треба їсти. (We still have to eat.)
Що ти хочеш їсти сьогодні ввечері? (What do you want to eat tonight?)

Day 137

English: Stairs
Ukrainian: Сходи (Skhody)
(Pronunciation: SKHO-dy)

Ці сходи круті. (These stairs are steep.)
Бережіться мокрих сходів. (Watch out for the wet stairs.)

Day 138

English: Pigeon
Ukrainian: Голуб (Holub)
(Pronunciation: HO-lub)

Голуб сидить на даху. (The pigeon sits on the roof.)
Голуби часто бачити в місті. (Pigeons are often seen in the city.)

Day 139

English: Pumpkin
Ukrainian: Гарбуз (Harbuz)
(Pronunciation: HAR-buz)

Я готую суп із гарбуза. (I make soup from pumpkin.)
Гарбузи популярні восени. (Pumpkins are popular in the fall.)

Day 140

English: Tiger
Ukrainian: Тигр (Tyhr)
(Pronunciation: TYHR)

Тигр - потужний хижак. (The tiger is a powerful predator.)
Тигрів можна побачити в зоопарку. (You can see tigers in the zoo.)

Day 141

English: Vegetables
Ukrainian: Овочі (Ovochi)
(Pronunciation: o-VOH-chee)

Я їм овочі щодня. (I eat vegetables every day.)
Які овочі тобі подобаються? (Which vegetables do you like?)

Day 142

English: Tulip
Ukrainian: Тюльпан (Tyulpan)
(Pronunciation: TYOOL-pan)

Тюльпани походять з Туреччини. (Tulips originally come from Turkey.)
Навесні цвітуть тюльпани. (In the spring, the tulips bloom.)

Day 143

English: Frame
Ukrainian: Рамка (Ramka)
(Pronunciation: RAM-kah)

Картина у дерев'яній рамці. (The painting is in a wooden frame.)
Ця рамка занадто велика для фотографії. (This frame is too big for the photo.)

Day 144

English: Pen
Ukrainian: Ручка (Ruchka)
(Pronunciation: ROOCH-kah)

Можу позичити твою ручку? (Can I borrow your pen?)
Моя ручка закінчилася. (My pen has run out.)

Day 145

English: Floor
Ukrainian: Підлога (Pidloga)
(Pronunciation: PID-lo-gah)

Підлогу щойно вимили. (The floor has just been cleaned.)
Обережно, підлога слизька! (Watch out, the floor is slippery!)

Day 146

English: Orange
Ukrainian: Апельсин for the fruit; Помаранчевий for the color
(Pronunciation: ah-PEL-seen; po-mar-AN-chay-vee)

Я люблю пити апельсиновий сік. (I like to drink orange juice.)
Мій улюблений колір - помаранчевий. (My favorite color is orange.)

Day 147

English: West
Ukrainian: Захід (Zakhid)
(Pronunciation: ZAH-khid)

Сонце сідає на заході. (The sun sets in the west.)
Він живе на заході країни. (He lives in the west of the country.)

Day 148

English: Television
Ukrainian: Телевізор (Televisor)
(Pronunciation: teh-LEH-vee-zor)

Ти дивишся сьогодні телевізор? (Are you watching television tonight?)
На телевізорі хороший фільм. (There's a good movie on television.)

Day 149

English: Bridge
Ukrainian: Міст (Mist)
(Pronunciation: MIST)

Нам потрібно проїхати містом. (We have to go over the bridge.)
Міст ремонтують. (The bridge is being renovated.)

Day 150

English: Tunnel
Ukrainian: Тунель (Tunel)
(Pronunciation: TOO-nel)

Тунель з'єднує два міста. (The tunnel connects the two cities.)
Обережно, у тунелі дуже темно. (Watch out, the tunnel is very dark.)

Day 151

English: Shirt
Ukrainian: Сорочка (Sorochka)
(Pronunciation: so-ROCH-ka)

'Моя сорочка синя.' (My shirt is blue.)
'Я купив нову сорочку.' (I bought a new shirt.)

Day 152

English: Pants
Ukrainian: Штани (Shtany)
(Pronunciation: SH-ta-ny)

'Мої штани порвані.' (My pants are torn.)
'У тебе є чисті штани?' (Do you have clean pants?)

Day 153

English: Cheese
Ukrainian: Сир (Syr)
(Pronunciation: seer)

'Я люблю український сир.' (I love Ukrainian cheese.)
'Сир смачний на хлібі.' (Cheese is delicious on bread.)

Day 154

English: Dress
Ukrainian: Сукня (Suknya)
(Pronunciation: sook-NYA)

'Вона одягла гарну сукню на вечірку.' (She wore a beautiful dress at the party.)
'Ця сукня їй добре підходить.' (The dress fits her well.)

Day 155

English: Peach
Ukrainian: Персик (Persyk)
(Pronunciation: PER-sik)

'Цей персик дуже соковитий.' (The peach is very juicy.)
'Я приготував пиріг з персиків.' (I made a peach pie.)

Day 156

English: Sun
Ukrainian: Сонце (Sontse)
(Pronunciation: SON-tse)

'Сонце сьогодні сяє яскраво.' (The sun is shining brightly today.)
'Я люблю сонячні дні.' (I love sunny days.)

Day 157

English: Screw
Ukrainian: Гвинт (Hvynt)
(Pronunciation: HVEENT)

'Тобі потрібний гвинт?' (Do you need a screw?)
'Гвинт відкрутився.' (The screw is loose.)

Day 158

English: Ointment
Ukrainian: Мазь (Maz)
(Pronunciation: MAZ)

'Використовуй цю мазь для твоєї рани.' (Use this ointment for your wound.)
'Мазь знімає свербіж.' (The ointment relieves itching.)

Day 159

English: Sock
Ukrainian: Носок (Nosok)
(Pronunciation: NO-sok)

'У моєму носку дірка.' (My sock has a hole.)
'Я купив нові носки.' (I bought new socks.)

Day 160

English: Wet
Ukrainian: Мокрий (Mokryi)
(Pronunciation: mo-KREE)

'Мої черевики мокрі.' (My shoes are wet.)
'Трава ще мокра від роси.' (The grass is still wet from the dew.)

Day 161

English: Wet
Ukrainian: Мокрий (Mokryi)
(Pronunciation: mo-KREE)

'Мої черевики мокрі.' (My shoes are wet.)
'Трава ще мокра від роси.' (The grass is still wet from the dew.)

Day 162

English: Independent
Ukrainian: Незалежний (Nezalezhnyi)
(Pronunciation: ne-za-LEZH-nyi)

'Вона незалежна жінка.' (She is an independent woman.)
'Країна стала незалежною у 1991 році.' (The country became independent in 1991.)

Day 163

English: Rabbit
Ukrainian: Кролик (Krolyk)
(Pronunciation: KRO-lik)

'Кролик сидить у своєму клітці.' (The rabbit is in its cage.)
'Кролики люблять їсти моркву.' (Rabbits like to eat carrots.)

Day 164

English: Bathtub
Ukrainian: Ванна (Vanna)
(Pronunciation: VAN-na)

'У ванні витік.' (There's a leak in the bathtub.)
'Вона любить приймати довгі ванни.' (She likes to take a long bath in the bathtub.)

Day 165

English: Less
Ukrainian: Менше (Menshe)
(Pronunciation: MEN-she)

'У мене менше грошей, ніж у тебе.' (I have less money than you.)
'Менше цукру - здоровіше.' (Less sugar is healthier.)

Day 166

English: Pencil
Ukrainian: Олівець (Olivets)
(Pronunciation: o-LEE-vets)

'Ти маєш олівець для мене?' (Do you have a pencil for me?)
'Мій олівець не заточений.' (My pencil isn't sharpened.)

Day 167

English: Notebook
Ukrainian: Зошит (Zoshyt)
(Pronunciation: ZO-shyt)

'Я записую все у свій зошит.' (I write everything down in my notebook.)
'Вона має зошит для кожного предмета.' (She has a notebook for each subject.)

Day 168

English: Clouds
Ukrainian: Хмари (Khmary)
(Pronunciation: KHMA-ry)

'На небі багато хмар.' (There are many clouds in the sky.)
'Хмари виглядають загрозливо.' (The clouds look threatening.)

Day 169

English: North
Ukrainian: Північ (Pivnich)
(Pronunciation: PIV-nich)

'Вона живе на півночі України.' (She lives in the north of Ukraine.)
'Компас вказує на північ.' (The compass points north.)

Day 170

English: Brown
Ukrainian: Коричневий (Korychnevyi)
(Pronunciation: ko-RYCH-ne-vyi)

'Собака має коричневу шерсть.' (The dog has a brown coat.)
'Я хочу пофарбувати своє волосся у коричневий колір.' (I want to dye my hair brown.)

Day 171

English: White
Ukrainian: Білий (Bilyi)
(Pronunciation: BEE-lyi)

'Вона одягнена в біле плаття.' (She's wearing a white dress.)
'Сніг білий і холодний.' (The snow is white and cold.)

Day 172

English: Umbrella
Ukrainian: Парасолька (Parasolka)
(Pronunciation: pa-ra-SOL-ka)

'Йде дощ, візьми парасольку.' (It's raining, take an umbrella with you.)
'Моя парасолька зламалась.' (My umbrella is broken.)

Day 173

English: Keyboard
Ukrainian: Клавіатура (Klaviatura)
(Pronunciation: kla-VEE-ah-tu-ra)

'Моя клавіатура працює неправильно.' (My keyboard is not working properly.)
'Ви вмієте друкувати на клавіатурі QWERTY?' (Can you type on a QWERTY keyboard?)

Day 174

English: Screen
Ukrainian: Екран (Ekran)
(Pronunciation: EK-ran)

'Мій екран тріснутий.' (My screen is cracked.)
'Екран відображає яскраві кольори.' (The screen displays bright colors.)

Day 175

English: South
Ukrainian: Південь (Pivden)
(Pronunciation: PIV-den)

'Вона їде на південь.' (She's traveling to the south.)
'На південі тепліше влітку.' (The south is warmer in the summer.)

Day 176

English: Cable
Ukrainian: Кабель (Kabel)
(Pronunciation: KA-bel)

'Мій зарядний кабель зламаний.' (My charging cable is broken.)
'Кабель з'єднує два пристрої.' (The cable connects the two devices.)

Day 177

English: Camera
Ukrainian: Камера (Kamera)
(Pronunciation: ka-ME-ra)

'Вона робить фотографії своєю новою камерою.' (She's taking pictures with her new camera.)
'Ця камера має високу роздільну здатність.' (This camera has high resolution.)

Day 178

English: Bottle
Ukrainian: Пляшка (Plyashka)
(Pronunciation: PLYASH-ka)

'Пляшка порожня.' (The bottle is empty.)
'Принеси мені пляшку води, будь ласка.' (Can you get me a bottle of water?)

Day 179

English: Hopeless
Ukrainian: Безнадійний (Beznadiyny)
(Pronunciation: bez-NA-dee-ny)

'Ситуація виглядає безнадійною.' (The situation seems hopeless.)
'Він відчуває себе безнадійно загубленим.' (He feels hopelessly lost.)

Day 180

English: Garlic
Ukrainian: Часник (Chasnyk)
(Pronunciation: CHAS-nyk)

'Часник корисний для здоров'я.' (Garlic is good for health.)
'Додайте трохи часнику до супу.' (Add some garlic to the soup.)

Day 181

English: Mushroom
Ukrainian: Гриб (Hryb)
(Pronunciation: HRYB)

'В лісі ростуть гриби.' (There are mushrooms in the forest.)
'Гриби слід їсти обережно.' (Mushrooms should be eaten with caution.)

Day 182

English: Onion
Ukrainian: Цибуля (Tsybulya)
(Pronunciation: tsi-BU-lya)

'Наріжте цибулю для салату.' (Chop the onion for the salad.)
'Цибуля може змусити вас плакати.' (Onions can make you cry.)

Day 183

English: Tomato
Ukrainian: Помідор (Pomidor)
(Pronunciation: po-MEE-dor)

'Помідори здорові та смачні.' (Tomatoes are healthy and tasty.)
'Додайте деякі помідори до бутерброда.' (Add some tomatoes to the sandwich.)

Day 184

English: Pepper
Ukrainian: Перець (Perec)
(Pronunciation: PE-rets)

'Хочете додати перець до своїх яєць?' (Do you want some pepper on your eggs?)
'Цьому супу потрібно більше перцю.' (This soup needs more pepper.)

Day 185

English: Car
Ukrainian: Автомобіль (Avtomobil)
(Pronunciation: av-to-MO-beel)

'Мій автомобіль у гаражі.' (My car is in the garage.)
'Вона купила новий автомобіль.' (She bought a new car.)

Day 186

English: Bicycle
Ukrainian: Велосипед (Velosyped)
(Pronunciation: ve-lo-SY-ped)

'Я їжджу на роботу на велосипеді.' (I go to work by bicycle.)
'Їзда на велосипеді корисна для навколишнього середовища.' (Bicycling is good for the environment.)

Day 187

English: Bus
Ukrainian: Автобус (Avtobus)
(Pronunciation: av-TO-bus)

'Автобус приїде через п'ять хвилин.' (The bus will come in five minutes.)
'Їдьте автобусом до центру міста.' (Take the bus to the city center.)

Day 188

English: Truck
Ukrainian: Вантажівка (Vantazhivka)
(Pronunciation: van-TA-zhiv-ka)

'Вантажівка перевозить важкі вантажі.' (The truck transports heavy goods.)
'Остерігайтесь вантажівки на автостраді.' (Beware of the truck on the highway.)

Day 189

English: Airplane
Ukrainian: Літак (Litak)
(Pronunciation: LEE-tak)

'Літак приземлиться о третій годині.' (The airplane lands at three o'clock.)
'Літаки літають високо в небі.' (Airplanes fly high in the sky.)

Day 190

English: Trust
Ukrainian: Довіра (Dovira)
(Pronunciation: do-VEE-ra)

'Довіра важлива в стосунках.' (Trust is important in a relationship.)
'Вона має довіру своєї команди.' (She has the trust of her team.)

Day 191

English: Thirsty
Ukrainian: Спраглий (Sprahlyy)
(Pronunciation: SPRAH-lee)

'Через теплу погоду я відчуваю сильне спрагу.' (Because of the warm weather, I feel very thirsty.)
'Ти теж відчуваєш таку спрагу?' (Do you also feel so thirsty?)

Day 192

English: Confused
Ukrainian: Збентежений (Zbentezhennyy)
(Pronunciation: zben-TE-zhen-ee)

'Я збентежений усіма цими правилами.' (I am confused by all the rules.)
'Вона дивилася навколо зі збентеженням.' (She looked around in confusion.)

Day 193

English: Clean
Ukrainian: Чистий (Chystyy)
(Pronunciation: CHY-stee)

'Моя кімната нарешті чиста.' (My room is finally clean.)
'Ми повинні тримати наші руки чистими.' (We have to keep our hands clean.)

Day 194

English: Reading
Ukrainian: Читання (Chytannya)
(Pronunciation: CHY-tan-nya)

'Читання - одне з моїх улюблених захоплень.' (Reading is one of my favorite hobbies.)
'Я читаю книгу.' (I am reading a book.)

Day 195

English: Helicopter
Ukrainian: Гелікоптер (Helikopter)
(Pronunciation: he-lee-KOP-ter)

'Гелікоптер пролетів над будинком.' (The helicopter flew over the house.)
'Вони взяли гелікоптер до острова.' (They took a helicopter to the island.)

Day 196

English: Temporarily
Ukrainian: Тимчасово (Tymchasovo)
(Pronunciation: tim-CHA-so-vo)

'Міст тимчасово закритий.' (The bridge is temporarily closed.)
'Ми живемо тут лише тимчасово.' (We are living here only temporarily.)

Day 197

English: Food
Ukrainian: Їжа (Yizha)
(Pronunciation: YEE-zha)

'Нам ще потрібно купити їжу на вечерю.' (We still have to buy food for dinner.)
'Ця їжа смакує чудово!' (This food tastes delicious.)

Day 198

English: Hungry
Ukrainian: Голодний (Holodnyy)
(Pronunciation: ho-LOD-nee)

'Після тренування я завжди голодний.' (After training, I am always hungry.)
'Діти часто голодні після школи.' (Children are often hungry after school.)

Day 199

English: Wagon
Ukrainian: Віз (Viz)
(Pronunciation: VEZ)

'Вони завантажили валізи у віз.' (They loaded the suitcases into the wagon.)
'Діти грають на вулиці зі своєю іграшковою візкою.' (The children are playing outside with their toy wagon.)

Day 200

English: Crown
Ukrainian: Корона (Korona)
(Pronunciation: ko-RO-na)

'Король носить золоту корону.' (The king wears a golden crown.)
'Вона поставила корону на свою голову під час вечірки.' (She put a crown on her head during the party.)

Day 201

English: King
Ukrainian: Король (Korol)
(Pronunciation: ko-ROL)

'Король завтра відвідає країну.' (The king will visit the country tomorrow.)
'У кожного короля є своє королівство.' (Every king has his kingdom.)

Day 202

English: Pimple
Ukrainian: Прищ (Pryshch)
(Pronunciation: PREE-shch)

'В неї є прищ на лобі.' (She has a pimple on her forehead.)
'Я ненавиджу мати прищ перед важливою подією.' (I hate having a pimple before an important event.)

Day 203

English: Open
Ukrainian: Відкритий (Vidkrytyy)
(Pronunciation: vid-KRY-tee)

'Магазин ще відкритий.' (The store is still open.)
'Можеш відкрити вікно?' (Can you open the window?)

Day 204

English: Closed
Ukrainian: Закритий (Zakrytyy)
(Pronunciation: zah-KRY-tee)

'Магазин закритий у неділю.' (The store is closed on Sunday.)
'Парк закритий через ремонт.' (The park is closed for maintenance.)

Day 205

English: Hay
Ukrainian: Сіно (Sino)
(Pronunciation: SEE-no)

'Фермер зберіг сіно в амбарі.' (The farmer stored the hay in the barn.)
'Коні їдять сіно взимку.' (The horses eat hay in the winter.)

Day 206

English: Situation
Ukrainian: Ситуація (Situatsiya)
(Pronunciation: si-tua-TSEE-ya)

'Ситуація складніша, ніж ми думали.' (The situation is more complicated than we thought.)
'Ми повинні якнайшвидше вирішити цю ситуацію.' (We need to resolve this situation quickly.)

Day 207

English: Place
Ukrainian: Місце (Mistse)
(Pronunciation: MEES-tse)

'Це моє улюблене місце в місті.' (This is my favorite place in the city.)
'Нам потрібно знайти місце, щоб заховатися.' (We need to find a place to take shelter.)

Day 208

English: Scissors
Ukrainian: Ножиці (Nozhytsi)
(Pronunciation: no-ZHY-tsi)

'Можеш передати мені ножиці?' (Can you give me the scissors?)
'Будь обережний з тими ножицями!' (Be careful with those scissors!)

Day 209

English: Card
Ukrainian: Карта (Karta) for the map; Листівка (Lystivka) for greeting card.
(Pronunciation: KAR-ta; lys-TIV-ka)

'Я купив тобі листівку на день народження.' (I bought a card for your birthday.)
'У тебе є карта міста?' (Do you have a map of the city?)

Day 210

English: Driving License
Ukrainian: Водійські права (Vodiys'ki prava)
(Pronunciation: vo-DIY-ski PRA-va)

'Щоб водити автомобіль, тобі потрібні водійські права.' (You need a driving license to be allowed to drive.)
'Він щойно отримав водійські права.' (He just got his driving license.)

Day 211

English: Entrance
Ukrainian: Вхід (Vkhid)
(Pronunciation: VKHID)

'Вхід до будівлі з іншого боку.' (The entrance of the building is on the other side.)
'Де вхід до парку?' (Where is the entrance to the park?)

Day 212

English: Hallway
Ukrainian: Коридор (Korydor)
(Pronunciation: ko-REE-dor)

'Ключі лежать у коридорі.' (The keys are in the hallway.)
'Коридор веде до спалень.' (The hallway leads to the bedrooms.)

Day 213

English: Motorcycle
Ukrainian: Мотоцикл (Mototsykl)
(Pronunciation: mo-to-TSY-kyl)

'Він їздить на роботу на мотоциклі кожен день.' (He goes to work on his motorcycle every day.)
'Мотоцикл стоїть у гаражі.' (The motorcycle is in the garage.)

Day 214

English: Transparent
Ukrainian: Прозорий (Prozoryy)
(Pronunciation: pro-ZO-riy)

'Цей матеріал повністю прозорий.' (This material is completely transparent.)
'Вода у озері настільки прозора, що можна бачити дно.' (The water in the lake is so transparent that you can see the bottom.)

Day 215

English: Ferry
Ukrainian: Паром (Parom)
(Pronunciation: PA-rom)

'Ми поїхали на острів на паромі.' (We took the ferry to the island.)
'Паром відправляється щогодини.' (The ferry departs every hour.)

Day 216

English: Egg
Ukrainian: Яйце (Yaytse)
(Pronunciation: YAY-tse)

'Я хочу яйце на сніданок.' (I want an egg for breakfast.)
'Як приготувати ідеальне яйце "в мішок"?' (How do you cook a perfect soft-boiled egg?)

Day 217

English: Soft
Ukrainian: М'який (Myakyi)
(Pronunciation: mya-KYI)

'Ковдра дуже м'яка на дотик.' (The blanket feels very soft.)
'Мені подобаються м'які кольори у моїй кімнаті.' (I love soft colors in my room.)

Day 218

English: Hard
Ukrainian: Твердий (Tverdyi)
(Pronunciation: tver-DYI)

'Земля була твердою після морозу.' (The ground was hard after the frost.)
'Вона дуже старанно працює заради своєї сім'ї.' (She works very hard for her family.)

Day 219

English: Ambulance
Ukrainian: Швидка допомога (Shvydka dopomoga)
(Pronunciation: SHVID-ka do-PO-mo-ga)

'Швидка допомога приїхала протягом п'яти хвилин.' (The ambulance arrived within five minutes.)
'Її відвезли до лікарні на "швидкій".' (She was taken to the hospital by ambulance.)

Day 220

English: Firetruck
Ukrainian: Пожежна машина (Pozhezhna mashyna)
(Pronunciation: po-ZHEZH-na MA-shy-na)

'Пожежна машина їхала з увімкненими сиренами.' (The firetruck drove with its sirens on.)
'Дітям часто подобається дивитися на пожежну машину.' (Children often enjoy seeing a firetruck.)

Day 221

English: Police
Ukrainian: Поліція (Politsiya)
(Pronunciation: po-LEE-tsi-ya)

'Поліція арештувала підозрюваного.' (The police arrested the suspect.)
'Телефонуйте у поліцію, якщо бачите щось підозріле.' (Call the police if you see anything suspicious.)

Day 222

English: Taxi
Ukrainian: Таксі (Taksi)
(Pronunciation: TAX-si)

'Я взяв таксі до аеропорту.' (I took a taxi to the airport.)
'Іноді швидше взяти таксі, ніж автобус.' (Sometimes it's faster to take a taxi than the bus.)

Day 223

English: Mailbox
Ukrainian: Поштова скринька (Poshtova skrynka)
(Pronunciation: POSH-to-va SKRYN-ka)

'Листи були покладені в поштову скриньку.' (The mail was put in the mailbox.)
'Знайдеш ключ від поштової скриньки?' (Can you find the key to the mailbox?)

Day 224

English: Lighter
Ukrainian: Запальничка (Zapalnytchka)
(Pronunciation: za-PAL-nytch-ka)

'У тебе є запальничка для свічок?' (Do you have a lighter for the candles?)
'Моя запальничка порожня.' (My lighter is empty.)

Day 225

English: Eyebrow
Ukrainian: Брова (Brova)
(Pronunciation: BRO-va)

'Вона малює свої брови щоранку.' (She draws her eyebrows every morning.)
'Ти маєш щось між бровою.' (You have something between your eyebrow.)

Day 226

English: Love
Ukrainian: Любов (Lyubov)
(Pronunciation: LYU-bov)

'Любов - найважливіше у житті.' (Love is the most important thing in life.)
'Вони відчули любов до своєї нової дитини відразу.' (They felt love for their new baby right away.)

Day 227

English: Happiness
Ukrainian: Щастя (Shchastya)
(Pronunciation: SHCHAS-tya)

'Щастя не можна купити.' (You can't buy happiness.)
'Справжні друзі приносять щастя у твоє життя.' (True friends bring happiness to your life.)

Day 228

English: Sour
Ukrainian: Кислий (Kyslyy)
(Pronunciation: KYS-lyy)

'Цей лимон дуже кислий.' (This lemon is very sour.)
'Мені не подобається дуже кисла їжа.' (I don't like food that's too sour.)

Day 229

English: Painting
Ukrainian: Картина (Kartyna)
(Pronunciation: kar-TY-na)

'Та картина у музеї чудова.' (That painting in the museum is beautiful.)
'Він намалював ту картину сам.' (He made that painting himself.)

Day 230

English: Forward
Ukrainian: Вперед (Vpered)
(Pronunciation: VPE-red)

'Ми повинні думати вперед.' (We have to keep thinking forward.)
'Автомобіль раптом рушив вперед.' (The car suddenly moved forward.)

Day 231

English: Mud
Ukrainian: Багно (Bahno)
(Pronunciation: BAHG-no)

'Після дощу дорога була повна багна.' (After the rain, the road was full of mud.)
'Мої черевики брудні від багна.' (My shoes are dirty from the mud.)

Day 232

English: Red
Ukrainian: Червоний (Chervonyy)
(Pronunciation: cher-VOH-nyy)

'Яблуко яскраво-червоне.' (The apple is bright red.)
'Вона вдягнена в червону сукню.' (She's wearing a red dress.)

Day 233

English: Ear
Ukrainian: Вухо (Vukho)
(Pronunciation: VOO-kho)

'У мене сережка в правому вусі.' (I have an earring in my right ear.)
'Вона щось нашептала йому на вухо.' (She whispered something in his ear.)

Day 234

English: Dictionary
Ukrainian: Словник (Slovnyk)
(Pronunciation: SLOV-nyk)

'Вона знайшла слово в словнику.' (She looked up the word in the dictionary.)
'Добрий словник є невід'ємною частиною вивчення мови.' (A good dictionary is essential for language study.)

Day 235

English: Stomach
Ukrainian: Живіт (Zhivit)
(Pronunciation: ZHI-vit)

'Мій живіт болить після їжі.' (My stomach hurts after eating.)
'Не добре займатися спортом на голодний живіт.' (It's not good to exercise on an empty stomach.)

Day 236

English: Happy
Ukrainian: Щасливий (Shchaslyvyi)
(Pronunciation: SHCHAS-ly-vyi)

'Сьогодні я дуже щасливий.' (I'm very happy today.)
'Вона виглядала щасливою, відкриваючи подарунок.' (She looked happy when she opened the gift.)

Day 237

English: Sad
Ukrainian: Смутний (Smutnyi)
(Pronunciation: SMOOT-nyi)

'Після того, як він почув новини, він став смутним.' (After hearing the news, he was sad.)
'Вона почувалася смутно без свого друга.' (She felt sad without her friend.)

Day 238

English: Drone
Ukrainian: Дрон (Dron)
(Pronunciation: DRON)

'Дрон зробив повітряні фото пейзажу.' (The drone took aerial photos of the landscape.)
'Він купив новий дрон на свій день народження.' (He bought a new drone for his birthday.)

Day 239

English: People
Ukrainian: Люди (Lyudy)
(Pronunciation: LYU-dy)

'В парку багато людей.' (There are many people in the park.)
'Людям потрібне соціальне спілкування.' (People need social interaction.)

Day 240

English: Afraid
Ukrainian: Боятися (Boyatysya)
(Pronunciation: boh-YAH-tys-ya)

'Я боюся павуків.' (I'm afraid of spiders.)
'Ти боїшся темряви?' (Are you afraid of the dark?)

Day 241

English: Big
Ukrainian: Великий (Velykyi)
(Pronunciation: veh-LYK-yi)

'Це велика будівля!' (That is a big building!)
'Вона має великі мрії.' (She has big dreams.)

Day 242

English: Small
Ukrainian: Малий (Malyi)
(Pronunciation: MAH-lyi)

'Вона має маленьку квартиру.' (She has a small apartment.)
'Він відчував себе маленьким поруч з баскетболістом.' (He felt small next to the basketball player.)

Day 243

English: Cow
Ukrainian: Корова (Korova)
(Pronunciation: koh-ROH-va)

'Корова пасеться на луці.' (The cow grazes in the meadow.)
'У нас на фермі три корови.' (We have three cows on our farm.)

Day 244

English: Struggle
Ukrainian: Боротьба (Borot'ba)
(Pronunciation: boh-ROT'-ba)

'Це була боротьба підніматися на ту гору.' (It was a struggle to climb that mountain.)
'Вона мала внутрішню боротьбу.' (She had an inner struggle.)

Day 245

English: Writer
Ukrainian: Письменник (Pys'mennyk)
(Pronunciation: PYS'-men-nyk)

'Письменник представив свою нову книгу.' (The writer presented his new book.)
'Вона відомий письменник в Нідерландах.' (She is a well-known writer in the Netherlands.)

Day 246

English: Childish
Ukrainian: Дитячий (Dytyachyi)
(Pronunciation: DY-tyah-chyi)

'Це дитяче так реагувати.' (It's childish to react like that.)
'Вона поводилася дитяче під час зборів.' (She acted childish during the meeting.)

Day 247

English: Healthy
Ukrainian: Здоровий (Zdorovyi)
(Pronunciation: zdo-ROH-vyi)

'Важливо їсти здорову їжу.' (It's important to eat healthy.)
'Здорове тіло і розум є важливими.' (A healthy body and mind are essential.)

Day 248

English: Sick
Ukrainian: Хворий (Khvoryi)
(Pronunciation: khvoh-RYI)

'Вона почувалася хворою і залишилася вдома.' (She felt sick and stayed home.)
'Якщо ти хворий, тобі потрібно відпочивати.' (If you are sick, you should rest.)

Day 249

English: Tired
Ukrainian: Втомлений (Vtomlenyi)
(Pronunciation: vtoh-MLEH-nyi)

'Я такий втомлений після довгої прогулянки.' (I'm so tired after that long walk.)
'Він виглядає втомлено.' (He looks tired.)

Day 250

English: Message
Ukrainian: Повідомлення (Povidomlennya)
(Pronunciation: po-vee-DOM-len-ya)

'Ти отримав моє повідомлення?' (Did you receive my message?)
'Вона надіслала повідомлення своїй матері.' (She sent a message to her mother.)

Day 251

English: Language
Ukrainian: Мова (Mova)
(Pronunciation: MO-va)

'Нідерландська - цікава мова.' (Dutch is an interesting language.)
'Скільки мов ти знаєш?' (How many languages do you speak?)

Day 252

English: Ground
Ukrainian: Земля (Zemlya)
(Pronunciation: ZEM-lya)

'Рослини потребують поживної землі.' (The plants need nutritious ground.)
'Вона сиділа на землі.' (She sat on the ground.)

Day 253

English: Wheelchair
Ukrainian: Інвалідне крісло (Invalidne krislo)
(Pronunciation: in-VAL-id-neh KRIS-lo)

'Вона користується інвалідним кріслом для пересування.' (She uses a wheelchair to get around.)
'Вхід для інвалідних крісел ззаду.' (The wheelchair entrance is at the back.)

Day 254

English: Baby stroller
Ukrainian: Дитяча коляска (Dytyacha kolyaska)
(Pronunciation: DY-tyah-cha ko-LYAH-ska)

'Вона котила свою дитину в колясці.' (She pushed her baby in the stroller.)
'Дитячі коляски не дозволені в музеї.' (Strollers are not allowed in the museum.)

Day 255

English: Witness
Ukrainian: Свідок (Svidok)
(Pronunciation: SVI-dok)

'Поліція розмовляла із свідком аварії.' (The police spoke with the witness of the accident.)
'Він був свідком пограбування.' (He was a witness to the robbery.)

Day 256

English: Shopping cart
Ukrainian: Торговий візок (Torhovyi vizok)
(Pronunciation: tor-HOH-vyi VEE-zok)

'Вона наповнила свій торговий візок продуктами.' (She filled her shopping cart with groceries.)
'Залиште торговий візок біля входу.' (Leave the shopping cart back at the entrance.)

Day 257

English: Wheelbarrow
Ukrainian: Тачка (Tachka)
(Pronunciation: TAHCH-ka)

'Він використовував тачку для транспортування піску.' (He used a wheelbarrow to transport the sand.)
'У тачки проколоте колесо.' (The wheelbarrow has a flat tire.)

Day 258

English: Elevator
Ukrainian: Ліфт (Lift)
(Pronunciation: LIFT)

'Ліфт не працює.' (The elevator is out of order.)
'Ми взяли ліфт на десятий поверх.' (We took the elevator to the tenth floor.)

Day 259

English: Escalator
Ukrainian: Ескалатор (Eskalator)
(Pronunciation: es-ka-LA-tor)

'Ескалатор рухається вгору.' (The escalator is going up.)
'Будьте обережні, ескалатор може бути слизьким.' (Be careful, the escalator can be slippery.)

Day 260

English: Sparkle
Ukrainian: Блиск (Blysk)
(Pronunciation: BLYSK)

'В її очах був блиск.' (There was a sparkle in her eyes.)
'Блиск діаманта був вражаючим.' (The sparkle of the diamond was impressive.)

Day 261

English: Angry
Ukrainian: Злий (Zlyy)
(Pronunciation: ZLYI)

'Він розлютився, коли почув новини.' (He became angry when he heard the news.)
'Чому ти такий злий?' (Why are you so angry?)

Day 262

English: Boat
Ukrainian: Човен (Choven)
(Pronunciation: CHO-ven)

'Човен пливе по озеру.' (The boat sails over the lake.)
'Ми взяли на прокат човен на відпустку.' (We rented a boat for the holiday.)

Day 263

English: Guilty
Ukrainian: Винуватий (Vinuvatyy)
(Pronunciation: vi-NU-va-tiy)

'Вона почувалася винуватою за те, що сталося.' (She felt guilty about what happened.)
'Його визнали винуватим у присяжних.' (He was found guilty by the jury.)

Day 264

English: Submarine
Ukrainian: Підводний човен (Pidvodnyy choven)
(Pronunciation: pid-VO-dniy CHO-ven)

'Підводний човен занурився глибоко під воду.' (The submarine dove deep underwater.)
'Вона працювала на військовому підводному човні.' (She worked on a military submarine.)

Day 265

English: Dinghy
Ukrainian: Невеликий човен (Nevelykyy choven)
(Pronunciation: ne-VE-lik-yy CHO-ven)

'Ми використовували малий човен, щоб гребти до берега.' (We used the dinghy to row to the shore.)
'Малий човен був прив'язаний до більшого корабля.' (The dinghy was tied to the larger ship.)

Day 266

English: Spoon
Ukrainian: Ложка (Lozhka)
(Pronunciation: LOZH-ka)

'Вона мішала чай ложкою.' (She stirred her tea with a spoon.)
'Можна мені ложку для моєї супу?' (Can I get a spoon for my soup?)

Day 267

English: Double
Ukrainian: Подвійний (Podviynyy)
(Pronunciation: pod-VIY-niy)

'Витрати були вдвічі вищі, ніж очікувалося.' (The costs were double what was expected.)
'Вона замовила подвійний еспрессо.' (She ordered a double espresso.)

Day 268

English: Grey
Ukrainian: Сірий (Siryi)
(Pronunciation: SIR-yi)

'Небо було сірим і похмурим.' (The sky was grey and gloomy.)
'Його волосся почало сідіти.' (His hair started to turn grey.)

Day 269

English: Frost
Ukrainian: Іній (Iniy)
(Pronunciation: IN-iy)

'Іній покрив землю.' (The frost covered the ground.)
'Рослини постраждали від інію.' (The plants are damaged by the frost.)

Day 270

English: River
Ukrainian: Річка (Richka)
(Pronunciation: RICH-ka)

'Річка тече через село.' (The river flows through the village.)
'Вони каталися на каное по річці.' (They went canoeing on the river.)

Day 271

English: Brick
Ukrainian: Цегла (Tsegla)
(Pronunciation: TSE-gla)

'Стіна зроблена з цегли.' (The wall is made of brick.)
'Цеглинки важкі та міцні.' (Bricks are heavy and sturdy.)

Day 272

English: Sugar
Ukrainian: Цукор (Tsukor)
(Pronunciation: TSU-kor)

'Можна мені трохи цукру в каву?' (Can I have some sugar in my coffee?)
'Цукор часто використовується у випічці.' (Sugar is often used in pastries.)

Day 273

English: Bag
Ukrainian: Сумка (Sumka)
(Pronunciation: SUM-ka)

'Вона носила велику сумку з продуктами.' (She carried a large bag with groceries.)
'У його спортивній сумці було багато спортивного спорядження.' (His sports bag was filled with sports equipment.)

Day 274

English: Cotton
Ukrainian: Бавовна (Bavovna)
(Pronunciation: ba-VOV-na)

'Ця сорочка зроблена з 100% бавовни.' (That shirt is made of 100% cotton.)
'Бавовна - м'яка та дихаюча тканина.' (Cotton is a soft and breathable fabric.)

Day 275

English: Organization
Ukrainian: Організація (Orhanizatsiya)
(Pronunciation: or-ga-ni-ZA-tsi-ya)

'Організація організувала захід.' (The organization arranged the event.)
'Кожна організація потребує чіткої структури.' (Every organization needs a clear structure.)

Day 276

English: Stream
Ukrainian: Струмок (Strumok)
(Pronunciation: STRU-mok)

'Струмок тихенько тік через ліс.' (The stream flowed gently through the forest.)
'Діти гралися на краю струмка.' (Children played at the edge of the stream.)

Day 277

English: Meat
Ukrainian: М'ясо (Myaso)
(Pronunciation: MYA-so)

'Багато людей люблять їсти м'ясо на вечерю.' (Many people like to eat meat for dinner.)
'Також доступні замінники м'яса.' (There are also meat alternatives available.)

Day 278

English: Customer service
Ukrainian: Служба підтримки клієнтів (Sluzhba pidtrymky kliyentiv)
(Pronunciation: slu-ZHBA pid-TRYM-ky KLI-yen-tiv)

'Я дзвонив до служби підтримки клієнтів за допомогою.' (I called the customer service for help.)
'Гарна служба підтримки клієнтів важлива для кожного бізнесу.' (Good customer service is essential for every business.)

Day 279

English: Butter
Ukrainian: Масло (Maslo)
(Pronunciation: MAS-lo)

'Я використовую масло для випічки.' (I use butter for baking.)
'Помажеш трохи масла на мій хліб?' (Can you spread some butter on my bread?)

Day 280

English: Wheat
Ukrainian: Пшениця (Pshenytsia)
(Pronunciation: PSHEN-yt-sya)

'Пшеницю використовують для виробництва хліба.' (Wheat is used to make bread.)
'Багато сніданкових каш виготовлені з пшениці.' (Many cereals are made from wheat.)

Day 281

English: Spade
Ukrainian: Лопата (Lopata)
(Pronunciation: lo-PA-ta)

'Він використовував лопату, щоб копати яму.' (He used a spade to dig a hole.)
'Я купив нову лопату для саду.' (I bought a new spade for the garden.)

Day 282

English: Shore
Ukrainian: Берег (Bereg)
(Pronunciation: BE-reg)

'Хвилі билися об берег.' (The waves crashed against the shore.)
'Ми гуляли вздовж берегової лінії.' (We walked along the shoreline.)

Day 283

English: Name
Ukrainian: Ім'я (Im'ya)
(Pronunciation: IM-ya)

'Яке твоє ім'я?' (What is your name?)
'Вони дали своїй доньці унікальне ім'я.' (They gave their daughter a unique name.)

Day 284

English: Tooth
Ukrainian: Зуб (Zub)
(Pronunciation: ZUB)

'Мій зуб болить.' (My tooth hurts.)
'Він втратив зуб під час гри.' (He lost a tooth while playing.)

Day 285

English: Knife
Ukrainian: Ніж (Nizh)
(Pronunciation: NIZH)

'Обережно з тим гострим ножем.' (Be careful with that sharp knife.)
'Я купив новий ніж для кухні.' (I bought a new knife for the kitchen.)

Day 286

English: Dairy
Ukrainian: Молочні продукти (Molochini produkty)
(Pronunciation: mo-LOCH-ni PRO-duk-ty)

'Молочні продукти містять багато кальцію.' (Dairy products contain a lot of calcium.)
'Деякі люди алергічні до молочних продуктів.' (Some people are allergic to dairy.)

Day 287

English: Cloth
Ukrainian: Тканина (Tkanyна) or Рушник (Rushnyk) for a cloth used to wipe hands.
(Pronunciation: TKAN-y-na or RUSH-nyk)

'Вона витерла руки рушником.' (She wiped her hands on a cloth.)
'Мені потрібна тканина, щоб це очистити.' (I need a cloth to clean this.)

Day 288

English: Cream
Ukrainian: Крем (Krem) or Збиті вершки (Zbyti vershky) for whipped cream.
(Pronunciation: KREM or ZBY-ty VER-shky)

'Вона використовує крем для обличчя щодня.' (She uses face cream every day.)
'Торт був покритий збитими вершками.' (The cake was covered with whipped cream.)

Day 289

English: Steak
Ukrainian: Стейк (Steyk)
(Pronunciation: STEYK)

'Я замовив стейк середнього жарення.' (I ordered a medium steak.)
'Хороший стейк повинен бути соковитим.' (A good steak should be juicy.)

Day 290

English: Key
Ukrainian: Ключ (Klyuch)
(Pronunciation: KLYUCH)

'Я загубив свій ключ.' (I lost my key.)
'Ключ не підходить до замка.' (The key doesn't fit in the lock.)

Day 291

English: Blanket
Ukrainian: Ковдра (Kovdra)
(Pronunciation: KOV-dra)

'Мені холодно, мені потрібна додаткова ковдра.' (It's cold, I need an extra blanket.)
'Вона загорнула дитину в м'яку ковдру.' (She wrapped the child in a soft blanket.)

Day 292

English: Wrinkle
Ukrainian: Зморшка (Zmorshka)
(Pronunciation: ZMORSH-ka)

'Вона купила крем від зморшок.' (She bought a cream against wrinkles.)
'Зморшки – це природна частина старіння.' (Wrinkles are a natural part of aging.)

Day 293

English: There
Ukrainian: Там (Tam)
(Pronunciation: TAM)

'Там будинок, де я виріс.' (There is the house where I grew up.)
'Ти бачиш ту деревину там?' (Do you see that tree over there?)

Day 294

English: Pet
Ukrainian: Домашній тварина (Domashniy tvaryna)
(Pronunciation: do-MASH-nee tvah-RY-na)

'Ми придбали нову домашню тварину: кролика.' (We got a new pet: a rabbit.)
'Діти люблять мати домашніх тварин.' (Children love having a pet.)

Day 295

English: Towel
Ukrainian: Рушник (Rushnyk)
(Pronunciation: RUSH-nyk)

'Ти можеш передати мені рушник?' (Can you hand me a towel?)
'Рушник мокрий, я візьму новий.' (The towel is wet, I'll get a new one.)

Day 296

English: Bill
Ukrainian: Рахунок (Rakhunok)
(Pronunciation: ra-KHUN-ok)

'Ви можете принести рахунок?' (Can you bring the bill?)
'Нам ще потрібно сплатити рахунок за електроенергію.' (We still have to pay the electricity bill.)

Day 297

English: Behind
Ukrainian: За (Za)
(Pronunciation: ZA)

'Книга лежить за диваном.' (The book is behind the couch.)
'Вона йшла за ним.' (She walked behind him.)

Day 298

English: Kettle
Ukrainian: Чайник (Chaynyk) for a traditional kettle, Електрочайник (Elektrochaynyk) for an electric kettle.
(Pronunciation: CHAY-nyk or e-LEK-tro-CHAY-nyk)

'Я увімкну чайник для чаю.' (I'm turning on the kettle for tea.)
'Наш електрочайник зламався, нам потрібно купити новий.' (Our kettle is broken; we need to buy a new one.)

Day 299

English: Creek
Ukrainian: Струмок (Strumok)
(Pronunciation: STRU-mok)

'Діти люблять грати біля струмка.' (Children like to play by the creek.)
'Струмок тече через наше село.' (The creek flows through our village.)

Day 300

English: Animal
Ukrainian: Тварина (Tvaryna)
(Pronunciation: tva-RY-na)

'Мені подобаються всі види тварин.' (I love all kinds of animals.)
'Ця тварина під захистом і її не можна полювати.' (This animal is protected and cannot be hunted.)

Day 301

English: Berry
Ukrainian: Ягода (Yahoda)
(Pronunciation: YA-ho-da)

'Кущ повний червоних ягід.' (The bush is full of red berries.)
'Ягоди корисні для вашого здоров'я.' (Berries are good for your health.)

Day 302

English: Here
Ukrainian: Тут (Tut)
(Pronunciation: TUT)

'Тут документ, про який ви просили.' (Here is the document you asked for.)
'Поставте коробку сюди.' (Put the box down here.)

Day 303

English: Marble (stone) (children's toy)
Ukrainian: Мармур (Marmur) Шарик (Sharyk)
(Pronunciation: MAR-moor) (Pronunciation: SHAH-rik)

'Підлога зроблена з мармуру.' (The floor is made of marble.)
'Діти часто грають з шариками.' (Children often play with marbles.)

Day 304

English: Shoulder
Ukrainian: Плече (Pleche)
(Pronunciation: PLEH-che)

'Він нес сумку через плече.' (He carried the bag over his shoulder.)
'У мене біль у плечі.' (I have pain in my shoulder.)

Day 305

English: Question
Ukrainian: Питання (Pytannya)
(Pronunciation: PYTAN-nya)

'У мене є питання з приводу домашнього завдання.' (I have a question about the homework.)
'Кожне питання заслуговує на відповідь.' (Every question deserves an answer.)

Day 306

English: Plate
Ukrainian: Тарілка (Tarilka)
(Pronunciation: ta-RIL-ka)

'Постав свою тарілку на стіл, коли закінчиш.' (Put your plate on the table when you're done.)
'Я подав їжу на велику тарілку.' (I served the food on a large plate.)

Day 307

English: Each
Ukrainian: Кожен (Kozhen)
(Pronunciation: KOZ-hen)

'Кожен студент повинен мати свої книги.' (Each student must bring their own books.)
'Я хожу на роботу щодня.' (I walk to work each day.)

Day 308

English: End
Ukrainian: Кінець (Kinets)
(Pronunciation: KEE-nyets)

'Кінець книги був несподіваний.' (The end of the book was surprising.)
'Ми наближаємося до кінця місяця.' (We're approaching the end of the month.)

Day 309

English: Emotion
Ukrainian: Емоція (Emotsiya)
(Pronunciation: e-MOT-si-ya)

'Музика може викликати багато емоцій.' (Music can evoke many emotions.)
'Корисно говорити про свої емоції.' (It's healthy to talk about your emotions.)

Day 310

English: Globe
Ukrainian: Глобус (Hlobus)
(Pronunciation: HLOH-bus)

'У мене на столі глобус.' (I have a globe on my desk.)
'На глобусі ви можете бачити всі країни.' (On the globe, you can see all the countries.)

Day 311

English: Left
Ukrainian: Ліворуч (Livoruch)
(Pronunciation: lee-VOH-rooch)

'Магазин знаходиться зліва від дороги.' (The store is on the left side of the street.)
'Поверни тут наліво.' (Turn left here.)

Day 312

English: Crowded
Ukrainian: Завантажений (Zavantazhenyy)
(Pronunciation: za-van-TAH-zheh-nyy)

'Завжди завантажено у години пік.' (It's always crowded during rush hour.)
'Цей кафе для мене занадто завантажений.' (This cafe is too crowded for my taste.)

Day 313

English: Personal
Ukrainian: Особистий (Osobystyy)
(Pronunciation: o-so-BYS-tyy)

'У мене є особисте питання.' (I have a personal question.)
'Це моя особиста думка.' (That's my personal opinion.)

Day 314

English: Somewhere
Ukrainian: Десь (Des)
(Pronunciation: DESS)

'Нам потрібно знайти десь місце для відпочинку.' (We need to find somewhere to rest.)
'Я десь залишив свої ключі.' (I put my keys down somewhere.)

Day 315

English: Familiar
Ukrainian: Знайомий (Znayomyy)
(Pronunciation: zna-YOH-myy)

'Його обличчя мені здавалося знайомим.' (His face looks familiar.)
'Ця пісня звучить знайомо.' (That song sounds familiar.)

Day 316

English: Porch
Ukrainian: Веранда (Veranda)
(Pronunciation: ve-RAN-da)

'Вони сиділи на веранді і насолоджувалися сонцем.' (They sat on the porch enjoying the sun.)
'З веранди відкривається чудовий вид на сад.' (The porch offers a beautiful view of the garden.)

Day 317

English: Hatch
Ukrainian: Люк (Lyuk)
(Pronunciation: LYUK)

'Люк веде в підвал.' (The hatch leads to the basement.)
'Нам потрібно відремонтувати люк.' (We need to repair the hatch.)

Day 318

English: Glove
Ukrainian: Рукавичка (Rukavychka)
(Pronunciation: roo-KA-vych-ka)

'Взимку я завжди ношу рукавички.' (I always wear gloves in the winter.)
'Я загубив одну з своїх рукавичок.' (I lost one of my gloves.)

Day 319

English: Difficult
Ukrainian: Складний (Skladnyy)
(Pronunciation: sklahd-NYY)

'Це складне питання.' (This is a difficult question.)
'Тест був дуже складний.' (The test was very difficult.)

Day 320

English: Feeling
Ukrainian: Почуття (Pochuttya)
(Pronunciation: po-CHOOT-tya)

'У мене гарні почуття щодо цього проекту.' (I have a good feeling about this project.)
'Як ви ставитеся до цього?' (How do you feel about that?)

Day 321

English: Anywhere
Ukrainian: Будь-де (Bud'-de)
(Pronunciation: BOOD'-dye)

'Ти можеш йти будь-де, де тобі хочеться.' (You can go anywhere you want.)
'Я ніде не можу знайти свої окуляри.' (I can't find my glasses anywhere.)

Day 322

English: Aunt
Ukrainian: Тітка (Titka)
(Pronunciation: TEET-ka)

'Моя тітка живе в Амстердамі.' (My aunt lives in Amsterdam.)
'Тітка Ельс завітає до нас завтра.' (Aunt Els is coming for a visit tomorrow.)

Day 323

English: Bad
Ukrainian: Поганий (Pohanyy)
(Pronunciation: po-HA-nyy)

'Це погані новини.' (This is bad news.)
'Погода сьогодні дуже погана.' (The weather is very bad today.)

Day 324

English: Good
Ukrainian: Добрий (Dobryy)
(Pronunciation: DOH-bryy)

'Зі мною все добре.' (Everything is going well with me.)
'Це добрі новини!' (That's good news!)

Day 325

English: Ship
Ukrainian: Корабель (Korabel')
(Pronunciation: koh-RA-bel')

'Корабель заходить у порт.' (The ship is sailing into the harbor.)
'Вона працює на великому круїзному кораблі.' (She works on a large cruise ship.)

Day 326

English: Crate
Ukrainian: Ящик (Yashchyk)
(Pronunciation: YASH-chyk)

'Ми купили три ящики пива на свято.' (We bought three crates of beer for the party.)
'Постав цей ящик туди.' (Put that crate over there.)

Day 327

English: Bloom
Ukrainian: Цвітіння (Tsvitinnya)
(Pronunciation: tsvee-TEEN-nya)

'Цвітіння вишневих дерев зачаровує.' (The bloom of the cherry trees is beautiful.)
'Троянди в повному розпалі.' (The roses are in full bloom.)

Day 328

English: Answer
Ukrainian: Відповідь (Vidpovid')
(Pronunciation: vid-POH-veed')

'Я все ще чекаю на відповідь.' (I'm still waiting for an answer.)
'Ти можеш відповісти на моє запитання?' (Can you answer my question?)

Day 329

English: Map
Ukrainian: Карта (Karta)
(Pronunciation: KAR-ta)

'У мене є карта Нідерландів у кімнаті.' (I have a map of the Netherlands in my room.)
'Ти можеш показати на карті, де ми знаходимося?' (Can you point out where we are on the map?)

Day 330

English: Hole
Ukrainian: Дірка (Dirka)
(Pronunciation: DEER-ka)

'В моїх штанах дірка.' (There's a hole in my pants.)
'Нам потрібно закрити цю дірку.' (We need to patch that hole.)

Day 331

English: Clove
Ukrainian: Гвоздика (Hvozdika)
(Pronunciation: hvoz-DEE-ka)

'Гвоздика часто використовується в спеціях.' (Clove is often used in spices.)
'Я додав кілька гвоздик до гуляшу.' (I added a few cloves to the stew.)

Day 332

English: Flame
Ukrainian: Полум'я (Polum'ya)
(Pronunciation: po-LOOM'-ya)

'Обережно з полум'ям!' (Watch out for the flame!)
'Полум'я здійнялось вгору з камінця.' (The flames shot up from the fireplace.)

Day 333

English: Someone
Ukrainian: Хтось (Khtos')
(Pronunciation: khtos')

'Хтось вдома?' (Is someone home?)
'Хтось позичив мою ручку.' (Someone borrowed my pen.)

Day 334

English: Vault
Ukrainian: Сейф (Seyf)
(Pronunciation: seyf)

'Мої цінності в сейфі.' (My valuables are in the vault.)
'В банку великий сейф.' (The bank has a large vault.)

Day 335

English: Chalk
Ukrainian: Крейда (Kreyda)
(Pronunciation: KRAY-da)

'Вчитель писав крейдою на дошці.' (The teacher wrote with chalk on the board.)
'Діти люблять малювати крейдою на тротуарі.' (Children like to draw with sidewalk chalk.)

Day 336

English: Match
Ukrainian: Сірники (Sirnyky) / Матч (Match)
(Pronunciation: SEER-nee-kee / match)

'Мені потрібні сірники, щоб запалити свічку.' (I need matches to light the candle.)
'Футбольний матч був захоплюючим.' (The football match was exciting.)

Day 337

English: Brush
Ukrainian: Щітка (Shchitka)
(Pronunciation: shchi-TKA)

'Я розчісую своє волосся щоранку.' (I brush my hair every morning.)
'Ця щітка для собаки.' (This brush is for the dog.)

Day 338

English: Leg
Ukrainian: Нога (Noha)
(Pronunciation: NO-ha)

'Вона зламала ногу під час катання на лижах.' (She broke her leg while skiing.)
'У мене біль в м'язах ніг.' (I have muscle pain in my legs.)

Day 339

English: Beast
Ukrainian: Звір (Zvir)
(Pronunciation: zveer)

'Який це звір?' (What kind of beast is that?)
'У саду якийсь дивний звір.' (There's a strange beast in the garden.)

Day 340

English: Hair
Ukrainian: Волосся (Volossya)
(Pronunciation: vo-LOSS-ya)

'В неї довге, блондинке волосся.' (She has long, blonde hair.)
'По всьому будинку волосся від кота.' (There's cat hair everywhere.)

Day 341

English: Daughter
Ukrainian: Донька (Don'ka)
(Pronunciation: don-KAH)

'Моя донька йде в університет.' (My daughter is going to the university.)
'Донька мого брата - моя племінниця.' (My brother's daughter is my niece.)

Day 342

English: Civilization
Ukrainian: Цивілізація (Tsivilizatsiya)
(Pronunciation: tsi-vih-lih-ZAH-tsih-yah)

'Давні цивілізації залишили вражаючі пам'ятки.' (Ancient civilizations left behind impressive monuments.)
'Римська цивілізація глибоко вплинула на Європу.' (The Roman civilization deeply influenced Europe.)

Day 343

English: Crust
Ukrainian: Корка (Korka)
(Pronunciation: KOR-kah)

'Я їм бутерброд без корки.' (I eat my sandwich without the crust.)
'Корка пирога була хрусткою.' (The pie crust was crispy.)

Day 344

English: Nose
Ukrainian: Hic (Nis)
(Pronunciation: NIS)

'Вона має малий ніс.' (She has a small nose.)
'Я простудився; мій ніс забитий.' (I have a cold; my nose is blocked.)

Day 345

English: Shell
Ukrainian: Ракушка (Rakushka)
(Pronunciation: rah-KUSH-kah)

'Діти люблять збирати ракушки на пляжі.' (Children like to collect shells on the beach.)
'Ракушка має гарний перламутровий блиск.' (The shell has a beautiful pearly shine.)

Day 346

English: Oil
Ukrainian: Олія (Oliya)
(Pronunciation: oh-LEE-yah)

'Оливкова олія корисна для серця.' (Olive oil is heart-healthy.)
'Двигун потребує нової олії.' (The engine needs new oil.)

Day 347

English: Father
Ukrainian: Батько (Bat'ko)
(Pronunciation: BAT-koh)

'Мій батько працює в банку.' (My father works at a bank.)
'Батьку, мені потрібна допомога.' (Father, I need help.)

Day 348

English: Nail
Ukrainian: Ніготь (Nihot')
(Pronunciation: NEE-hot)

'Вона покрила свої нігті червоним лаком.' (She painted her nails red.)
'Я зламав ніготь.' (I broke a nail.)

Day 349

English: Further
Ukrainian: Далі (Dali)
(Pronunciation: DAH-lee)

'Станція знаходиться далі вулицею.' (The station is further down the street.)
'Нам потрібно продовжувати наші плани.' (We need to proceed further with our plans.)

Day 350

English: Uncle
Ukrainian: Дядько (Dyad'ko)
(Pronunciation: DYAD-koh)

'Мій дядько живе в Бельгії.' (My uncle lives in Belgium.)
'Дядько Іван - брат мого батька.' (Uncle Ivan is my father's brother.)

Day 351

English: Area
Ukrainian: Район (Rayon)
(Pronunciation: RAH-yon)

'Цей район відомий своїми виноградниками.' (This area is known for its vineyards.)
'Нам потрібно захистити цей район.' (We need to protect this area.)

Day 352

English: Spear
Ukrainian: Спис (Spys)
(Pronunciation: SPEES)

'Воїн мав гострий спис.' (The warrior had a sharp spear.)
'Метання списа - олімпійський вид спорту.' (Javelin throwing is an Olympic sport.)

Day 353

English: Eye
Ukrainian: Око (Oko)
(Pronunciation: OH-ko)

'Вона має блакитні очі.' (She has blue eyes.)
'В моєму оці була пилинка.' (There was a speck in my eye.)

Day 354

English: Cube
Ukrainian: Куб (Kub)
(Pronunciation: KOOB)

'Математична формула описує властивості куба.' (The mathematical formula describes the properties of a cube.)
'Я люблю грати кубиком Рубіка.' (I like to play with the Rubik's cube.)

Day 355

English: Peak
Ukrainian: Пік (Pik)
(Pronunciation: PEAK)

'Ми досягли піка гори саме перед світанком.' (We reached the peak of the mountain just before sunrise.)
'Попит на продукт досяг свого піку.' (The demand for the product has reached its peak.)

Day 356

English: Sheet
Ukrainian: Аркуш / Простирадло (Depending on context: "Arkush" for a sheet of paper, "Prostyradlo" for a bedsheet)
(Pronunciation: AR-kush / pros-TY-rad-lo)

'Дай мені аркуш паперу.' (Give me a sheet of paper.)
'Простирадло свіжо випране.' (The bedsheet is freshly washed.)

Day 357

English: Mother
Ukrainian: Мати (Mati)
(Pronunciation: MAH-tee)

'Моя мати - чудова кухарка.' (My mother is a great cook.)
'Мати, я вдома!' (Mother, I'm home!)

Day 358

English: Body
Ukrainian: Тіло (Tilo)
(Pronunciation: TEE-lo)

'Важливо добре доглядати за своїм тілом.' (It's important to take good care of your body.)
'Його тіло було вкрите татуюваннями.' (His body was covered in tattoos.)

Day 359

English: Number
Ukrainian: Номер (Nomer)
(Pronunciation: NO-mer)

'Який у тебе номер телефону?' (What's your phone number?)
'Кожен квиток має унікальний номер.' (Each ticket has a unique number.)

Day 360

English: Lamp
Ukrainian: Лампа (Lampa)
(Pronunciation: LAM-pa)

'Лампа зламана; нам потрібно купити нову.' (The lamp is broken; we need to buy a new one.)
'Ця лампа дає тепле світло.' (This lamp gives warm light.)

Day 361

English: Clothes
Ukrainian: Одяг (Odyah)
(Pronunciation: oh-DYAH-h)

'Я люблю купувати новий одяг.' (I like buying new clothes.)
'Цей одяг тобі дуже йде.' (Those clothes suit you well.)

Day 362

English: Bed
Ukrainian: Ліжко (Lizhko)
(Pronunciation: LEEZH-ko)

'Я хочу купити нове ліжко.' (I want to buy a new bed.)
'Ліжко свіжо застелене.' (The bed is freshly made.)

Day 363

English: Grandmother
Ukrainian: Бабуся (Babusya)
(Pronunciation: bah-BOO-syah)

'Моя бабуся пече найсмачніші пироги.' (My grandmother bakes the best pies.)
'Бабуся завжди розповідає цікаві історії зі своєї молодості.' (Grandma always tells interesting stories from her youth.)

Day 364

English: Box
Ukrainian: Коробка (Korobka)
(Pronunciation: koh-ROB-kah)

'Ця коробка занадто велика для такого маленького подарунка.' (The box is too big for that small gift.)
'Ти можеш дати мені ту коробку?' (Can you give me that box?)

Day 365

English: Grandfather
Ukrainian: Дідусь (Didus)
(Pronunciation: dee-DOOS)

'Мій дідусь був рибалкою.' (My grandfather was a fisherman.)
'Дідусь навчає мене грати в шахи.' (Grandpa is teaching me to play chess.)

Help Us Share Your Thoughts!

Dear reader,

We hope you enjoyed reading this book as much as we enjoyed making it for you. This book is part of a special collection from **Skriuwer** (**www.skriuwer.com**), a global community dedicated to creating books that make language learning an engaging and enjoyable experience.

Our journey doesn't end here. We believe that every reader is part of our growing family. If there was anything in this book you did not like, or if you have suggestions for improvement, we are all ears! Do not hesitate to contact us at **kontakt@skriuwer.com**. Your feedback is extremely valuable in making our books even better.

If you enjoyed your experience, we would be thrilled to hear about it! Consider leaving a review on the website where you purchased this book. Your positive reviews not only warm our hearts, but also help other language learners to discover and enjoy our books.

Thank you very much for choosing **Skriuwer**. Let's continue to explore the wonders of languages and the joy of learning together.

Warm regards,
The Skriuwer Team

Made in United States
Troutdale, OR
12/10/2024

26221748R00071